Vous saviez que ma maman est Géniale?

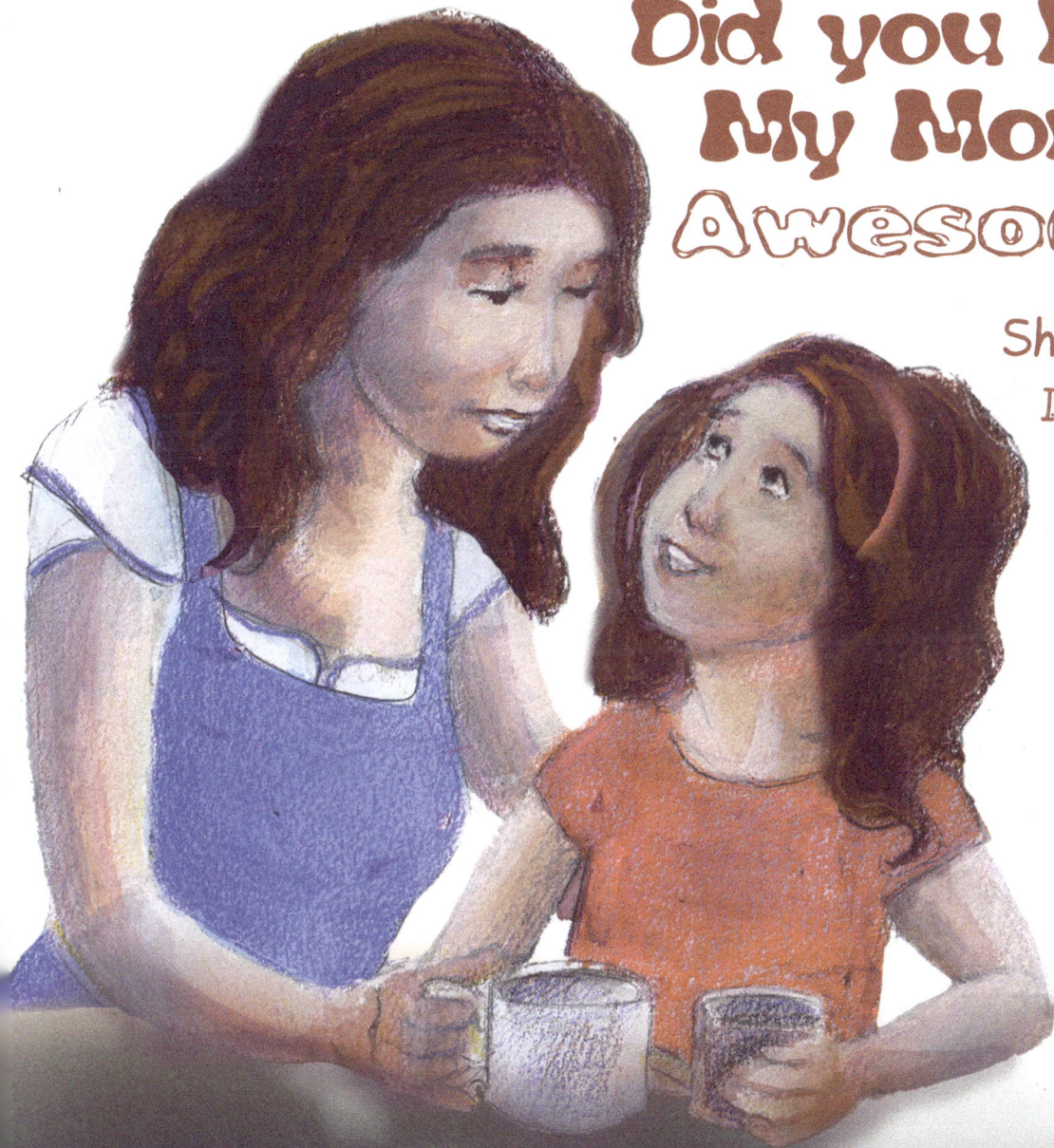

Did you Know My Mom is Awesome?

Shelley Admont

Illustrations de Amy Foster

CW01429669

Second edition, 2019
Translated from English by Sophie Troff
Traduit de l'anglais par Sophie Troff

Library and Archives Canada Cataloguing in Publication

Did you know my mom is awesome? (French English Bilingual Edition)/ Shelley Admont
ISBN: 978-1-5259-1165-1 paperback
ISBN: 978-1-77268-759-0 hardcover
ISBN: 978-1-77268-757-6 eBook

Please note that the French and English versions of the story have been written to be as close as possible. However, in some cases they differ in order to accommodate nuances and fluidity of each language.
Although the author and the publisher have made every effort to ensure the accuracy and completeness of information contained in this book, we assume no responsibility for errors, inaccuracies,omission, inconsistency, or consequences from such information.

KidKiddos Books

Pour ceux que j'aime le plus-S.A.
For those I love the most-S.A.

Salut, c'est moi, Liz.
Hi, it's me, Liz.

Vous saviez que ma maman est géniale ?
Did you know my Mom is awesome?

Eh bien c'est vrai ! Elle est intelligente et drôle,
forte et patiente, gentille et jolie — bref, elle est
incroyable.
Well, she is! She is smart and funny, strong and
patient, kind and beautiful — she's amazing!

– Bonjour mon rayon de soleil ! C'est l'heure de te lever ! me murmure-t-elle tendrement.

"Good morning, sunshine! It's time to rise!" I hear a soft whisper in my ear.

C'est comme ça que maman me réveille.

That's my mom, waking me up.

Elle me fait plein de bisous et de câlins, mais j'ai du mal à ouvrir mes yeux.

She gives me a million gentle kisses and hugs me tight, but I still cannot open my sleepy eyes.

Alors je marmonne :
– Maman, je veux dormir.
Encoreun petit peu, s'il te plaît.

"Mommy, I want to sleep," I mutter quietly. "Just for one more minute, please."

Elle continue à me faire des bisous, mais rien n'y fait.

She kisses me more and more, but it doesn't help.

Alors elle me porte sur son dos jusqu'à la salle de bains. Elle est forte, ma maman.

So she gives me a piggyback ride to the bathroom. She is so strong, my mom.

Là, elle m'embrasse et me chatouille jusqu'à ce que j'éclate de rire.

She keeps kissing and tickling me until I start laughing hard.

J'ouvre un œil et je la vois.
Opening one eye, I look at her.

Je m'exclame, totalement réveillée :
– C'est une nouvelle robe ?
Tu es trop belle !

"Is that a new dress? You look so pretty!" I exclaim and wake up right away.

Maman sourit. Elle est vraiment jolie. J'aime ses robes, ses chaussures et la façon dont elle se coiffe les cheveux.

Mom smiles. She is really beautiful. I like her dresses, her shoes, and how she does her hair.

Une lueur d'espoir dans les yeux, je lui demande :
– Tu peux me faire une coiffure spéciale aujourd'hui ? La tresse qu'on a vue à la télé hier, tu peux me la faire ?

"Can you make me something fancy today?" I ask, a glimmer of hope in my eyes. "The braid we saw yesterday on the TV show, can you do something like that?"

Je sais qu'elle peut tout faire. Ma maman est géniale.

I know that she can do anything. My mom is awesome.

Même quand elle ne sait pas comment faire, elle essaye jusqu'à ce qu'elle réussisse. Elle n'abandonne jamais.

Even if she doesn't know how to do something at first, she continues to try until she succeeds. She never gives up.

– Facile ! Viens par ici, elle me dit.
"Piece of cake!" she replies. "Come here!"

Ma maman tortille et entrelace mes cheveux jusqu'à ce qu'une tresse magnifique orne ma tête.

My Mom twirls and weaves my hair until it's a beautiful braid running behind my head.

Je suis si heureuse d'aller en classe avec ma nouvelle coiffure. J'imagine déjà les réactions de mes amies. Je suis sûre qu'Amy va adorer.

I'm so thrilled to go to class with my new hair. I can already imagine my friends' reactions. I'm sure Amy will love it.

Amy s'extasie :
– Trop cool ta coiffure ! J'ai vu la même à la télé hier ! Qui t'a fait ça ?

"Your hairstyle is so cool! I saw the same one on TV yesterday!" Amy jumps with excitement. "Who made it?"

– Ma maman, je réponds fièrement.

"My mom!" I say proudly.

Alors qu'Amy examine de près ma coiffure, les filles se rassemblent autour de nous.
As Amy starts exploring my hairstyle closely, more and more girls join her.

– C'est une tresse française inversée ! annonce Amy au bout de quelques minutes. Avec un nœud !
"It's a reversed French braid!" Amy announces, after a couple of minutes. "With a twist!"

J'entends les autres filles dire :
– C'est trop cool !
– Ça a l'air compliqué !
– Ça a sûrement demandé un temps fou !
I hear other voices. "It's so cool!" "It looks complicated!" "It probably took a lot of time!"

– Tu peux demander à ta maman d'apprendre à la mienne à faire cette tresse ? me demande Amy.
Finally Amy asks, "Can you ask your mom to teach my mom to make this braid?"

– Bien sûr ! Elle...
Je suis coupée dans mon explication par la cloche qui sonne et l'arrivée de Monsieur Z. dans la classe.
"Sure! She..." I start to say, but the bell interrupts me and Mr. Z enters the class.

D'habitude, j'aime bien les maths, mais aujourd'hui, c'est horrible.
Usually I love math, but today it's just terrible.

– Nous allons étudier les fractions, dit Monsieur Z. en noircissant le tableau d'étranges signes.
"We are going to learn about fractions," says Mr. Z, while filling the board with strange drawings.

Pourquoi c'est si compliqué ? Demi, tiers et quart... ma tête va exploser.
Why is it so complicated? Halves, thirds and fourths ... my head is going to explode.

Je ne renonce pas ; je pose des questions, exactement comme ma maman le ferait.
I don't give up though; I ask questions, exactly like my mom would do.

Monsieur Z. explique une nouvelle fois, il nous montre une vidéo amusante sur les fractions.
Mr. Z explains one more time and after, he shows us a fun video about fractions.

– Maintenant, on va faire un jeu, annonce-t-il. On va trouver des fractions dans la classe.
"Next, we'll play a game," he announces. "We'll find fractions in our classroom."

Les fractions, en fait,
ça peut être vraiment
amusant.
Fractions can actually
be really fun.

$1/4 = 2/8$

$2\frac{1}{2} = 5/2$

Mais mon moment préféré du cours, c'est quand Monsieur Z. nous donne des petits bonbons colorés qu'on doit répartir par couleur.

But my favorite part of this class is when Mr. Z gives us small colorful jellybeans. We divide them by color.

Je comprends bien mieux les fractions désormais, mais je ne me sens pas encore à l'aise avec ces nombres bizarres.

I think I understand fractions much better now, but I still don't feel comfortable with all these strange numbers.

À la récréation, Amy et moi, on rejoint notre endroit préféré pour jouer : la cage à écureuil. J'adore grimper et me suspendre tête en bas.

At recess Amy and I run to our favorite place to play. The monkey bars! I love to climb up and hang upside-down.

Mais aujourd'hui, en allant vers le portique, je m'accroche à un buisson et mon jean se déchire au genou.

But today on my way to the monkey bars, somehow my jeans get caught in a bush and tear right on my knee.

Je suis au bord des larmes.
– C'est mon jean préféré. Regarde, il a un énorme trou.

I almost burst into tears. "These are my favorite pair of jeans. Look, the tear is huge."

Je suis trop énervée. J'ai envie de pleurer et j'essaye de toutes mes forces de me retenir. I'm so upset. I feel like crying but I try very hard not to.

Je voudrais que maman soit là et me dise, comme toujours :
– Tout va bien se passer, ma chérie, tu verras.

I just want my mom to be here now and say to me, as always, "Everything will be okay, sweetie. You'll see."

Finalement, je rentre à la maison et maman revient du travail. Elle comprend toujours ce que je ressens.
Finally I'm home and Mom's back from work. She always understands what I feel.

– Tu as passé une bonne journée, ma chérie ? demande-t-elle, attentionnée. Elle me prend dans ses bras et continue à me poser des questions jusqu'à ce que je lui raconte tout.
"How was your day, sweetie?" her voice full of care. She wraps me in her arms and continues asking questions until I share everything with her.

Je lui parle de l'enfer des fractions, de mon jean déchiré et de ma boule au ventre.
I spill to her all about fractions, the tear in my jeans and how frustrated I feel.

Maman trouve toujours une solution à tous les problèmes.
Mom always finds a solution to any problem.

– Tu préfères quel motif pour masquer le trou ?
Un cœur ou une étoile ? dit-elle.
Évidemment, je choisis un gros cœur rose.
"What shape do you want to cover your tear?
Heart or star?" Of course I choose a large pink
heart.

Alors elle coud une pièce en forme de cœur sur
mon jean déchiré, afin que personne ne remarque
qu'il est troué. C'est pas cool, ça ?
She sews a heart-shaped patch over the hole on
my torn jeans, so no one will notice the hole
underneath. How cool is that?

– Oh, merci maman, je m'exclame joyeusement.
Mon jean est trop classe maintenant. Viens, on
coud un autre cœur ici !
"Oh, thank you, Mommy," I exclaim happily. "These
jeans look so fancy now. Let's put another patch
here!"

Ensemble, nous confectionnons ma nouvelle tenue.
We work together and design my new cool outfit.

Nous cousons deux petits cœurs sur mon jean et un
plus grand sur mon T-shirt.
We sew two smaller heart patches on my jeans and one
larger heart on my T-shirt.

– Regarde, maintenant tu as un nouveau jean et le
T-shirt assorti, dit-elle.
"Look, now you have new jeans and a matching T-shirt,"
she says.

– Maman, tu es mon héroïne, lui dis-je, en la serrant
dans mes bras. Et là, on éclate de rire toutes les deux.
"Mom, you're my heroine!" I announce, hugging her
tight. We both start laughing loudly.

Puis elle m'entraîne dans la cuisine. – C'est l'heure des
douceurs. On va faire des cupcakes. Mais il va falloir
utiliser des fractions pour les réussir.
Then she pulls me into the kitchen. "It's a
time for something sweet. Let's make a mug
cake. But we need to use fractions in order
for this to work."

– N'ai pas peur, dit doucement maman. On va les faire ensemble.
"Don't be afraid," Mom says softly. "We'll make it together."

J'inspire à fond. Maman ouvre son grand livre de cuisine.
I take a deep breath and open Mom's big cooking book.

Je lis :
– Pour un cupcake, il faut un quart de tasse de farine.
"For one mug cake you'll need a quarter cup of flour," I read.

– On va faire trois cupcakes, en comptant papa,
dit maman. Il faut donc...
"We'll make three cakes, one for Daddy," Mom
says, "so we need..."

– Trois quarts de tasse de farine ! je m'exclame
joyeusement. C'est facile !
"Three quarter cups of
flour!" I exclaim happily.
"It's easy!"

Le soir venu, Maman me met au lit, me borde dans ma couverture papillon et dit :
– Je t'aime, ma puce.
When the evening comes, Mom tucks me in my bed, covers me with my butterfly blanket and says, "I love you, pumpkin."

– Je t'aime, maman, je chuchote dans un grand bâillement, en fermant les yeux.
"I love you, Mommy," I whisper with a big yawn fluttering my eyes shut.

Je me réveille le lendemain matin parce que je sens des baisers tout doux sur ma joue et j'entends sa voix si gentille :
– Bonjour mon rayon de soleil ! C'est l'heure de te lever et de briller !

I wake up in the morning, because I feel warm kisses on my face and hear a gentle voice: "Good morning, sweetie. It's time to rise and shine."

J'ai les yeux fermés, mais je la sens près de moi.

My eyes are still closed but I feel her near me.

J'aime ma maman. Elle est géniale. Quand je serai grande, je veux être exactement comme elle !

I love my mom. She's awesome. When I grow up, I want to be exactly like her!

Et devine quoi ? Ta maman est géniale, elle aussi. Fais-lui vite un gros câlin pour lui montrer à quel point elle est incroyable !

And guess what? Your mom is awesome too. Make sure to give her a hug to let her know how amazing she is!

Milton Keynes UK
Ingram Content Group UK Ltd.
UKHW052034281223
435004UK00007B/15

9 781525 911651